Les cahiers d'**écriture** ASSiMiL®

Arabe

Les bases

AF134502

Abdelghani Benali

Sommaire

Introduction

L'écriture arabe en quelques mots

Ce cahier d'écriture s'adresse à toutes celles et tous ceux qui s'engagent dans l'apprentissage de la langue arabe.

Outre les habituelles pages de graphie pure, vous y trouverez une présentation de l'alphabet arabe et des principes généraux de ce système d'écriture, une présentation des signes diacritiques primaires et secondaires, des exercices de consolidation, de conversation et quelques exercices corrigés.

Mais avant de commencer, cela vaut peut-être la peine de s'attarder un moment pour mieux comprendre l'origine de la langue arabe dont l'accès à l'écriture et à la lecture est quelque peu ardu...

Nous vous proposons pour cela un petit voyage dans le temps...

Histoire de la langue arabe

La langue arabe est la plus jeune des langues sémitiques. Ce mot « sémitique » est très ancien dans la mesure où il découle du prénom Sem, un des fils du prophète Noé. Son nom a donc été donné à certaines familles de langues parlées autrefois en Asie et en Afrique.

Naturellement, l'hébreu, l'akkadien, le phénicien et l'araméen en font partie. La langue arabe est une langue qui s'écrit de la droite vers la gauche contrairement au français. Les lignes sont écrites à l'horizontale comme le français.

Comme toutes les langues du monde, l'arabe a d'abord été parlé avant d'être écrit.

Les habitants de la péninsule arabique s'exprimaient en arabe avant l'avènement de l'Islam.

Environ 150 ans avant l'avènement de l'Islam, les poètes de la période préislamique *(Jâhiliyya)* composèrent des odes très célèbres en arabe classique qui sont restées longtemps suspendues aux murs de la Ka'ba[1].

C'est la raison pour laquelle nous pouvons dater les premières occurrences de graphie arabe au troisième siècle après Jésus-Christ.

Origines de l'écriture arabe

En ce qui concerne les origines de la graphie arabe, une divergence existe entre les historiens : nabatéennes pour certains, syriaques pour d'autres.

Quoi qu'il en soit, l'araméen est indubitablement, l'origine première de la langue arabe. Les Arabes ont longtemps utilisé les systèmes d'écritures d'autres langues de la péninsule arabique avant de parvenir à la graphie de l'arabe classique qui sera progressivement améliorée et simplifiée jusqu'à devenir, dès le VIIe siècle, la graphie que l'on utilise encore aujourd'hui.

L'arabe, l'écriture d'une civilisation

L'expansion de l'Islam va jouer un rôle prépondérant pour la diffusion de la langue arabe. En effet, dès le VIIIe siècle, sous les Omeyyades, puis sous les Abbassides, l'Empire islamique adoptera la langue arabe comme langue officielle de l'administration. Au regard des échanges diplomatiques, commerciaux et militaires de l'époque, l'écriture de l'arabe se développera très vite sans jamais changer les fondamentaux graphiques de l'alphabet arabe. Ce sont les styles d'écriture qui varieront, et jamais l'alphabet.

[1] Le cube noir à la Mecque qui est le temple sacré pour les musulmans et en direction duquel ils se dirigent pour accomplir leurs cinq prières rituelles quotidiennes.

Par ailleurs, étant la langue du texte coranique, l'arabe sera la langue liturgique des musulmans ; elle deviendra rapidement un vecteur important dans le domaine de la recherche scientifique. Surtout après la fondation, à Bagdad, de la Maison de la sagesse par le Calife Haroun Al-Rachid, ami et contemporain de Charlemagne. Enfin, l'Empire Ottoman, dès le XIIIe siècle, permettra l'essor de la calligraphie arabe sur tous les supports et avec une grande variété de styles.

L'alphabet arabe

L'arabe utilise un alphabet consonantique (*abjad* en arabe) et s'écrit de droite à gauche. Il s'agit d'un alphabet qui ne note que les consonnes (28). Notez que parmi ces 28 consonnes, 3 sont, en outre, utilisées pour indiquer les voyelles longues. Enfin, les voyelles brèves sont des petits signes diacritiques sur ou sous les consonnes.

Au début de l'Islam, les premières copies du Coran étaient écrites avec l'alphabet arabe et ses 28 consonnes. Les lettres de l'alphabet arabe n'étaient pas ponctuées et leur forme était simple. Plusieurs sons s'écrivaient alors de la même manière. Suite à des lectures erronées, voire blasphématoires de certains versets coraniques, les Califes ont missionné les grands poètes et hommes de lettres afin de trouver une solution à ces problèmes de lecture.

Les points et signes diacritiques étaient nés. La forme actuelle de l'alphabet arabe date du XIIIe siècle.

En résumé :

- L'arabe est la plus jeune des **langues sémitiques** (hébreu, syriaque, araméen…)
- Depuis son origine, il utilise un **alphabet consonantique de 28 lettres**.
- L'arabe s'écrit **de droite à gauche**.
- L'arabe dispose de **trois voyelles brèves** et **trois voyelles longues**.
- Les voyelles brèves sont de simples **signes diacritiques placés <u>sur</u>** ou **<u>sous</u>** les consonnes.
- Il existe 3 voyelles longues qui **s'écrivent, mais ne se prononcent pas**.
- L'absence de voyelle est marquée par un petit « **zéro** » placé sur la lettre et appelé *soukoun*.
- Le redoublement d'une consonne sera marqué par un petit signe appelé *chadda*.

ا ب ت ث

ج ح خ

د ذ ر ز

س ش ص ض ط ظ

ع غ ف ق

ك ل م ن

ه و ي

La forme des lettres

SENS D'ÉCRITURE EN ARABE :  (de droite à gauche).

La forme (ou graphie) des 28 lettres de l'alphabet arabe change selon qu'elles sont **isolées** ou placées au **début**, au **milieu** ou à la **fin** du mot.

	prononciation	isolée	finale	médiane	initiale
1	alif ['a]	ا	ـا	ـا	ا
2	bâ' [ba]	ب	ـب	ـبـ	بـ
3	tâ' [ta]	ت	ـت	ـتـ	تـ
4	thâ' [tha]	ث	ـث	ـثـ	ثـ
5	jîm [ja]	ج	ـج	ـجـ	جـ
6	<u>h</u>â' [<u>h</u>a]	ح	ـح	ـحـ	حـ
7	<u>kh</u>â' [<u>kh</u>a]	خ	ـخ	ـخـ	خـ
8	dâl [da]	د	ـد	ـد	د
9	dhâl [dha]	ذ	ـذ	ـذ	ذ
10	<u>r</u>â' [<u>r</u>a]	ر	ـر	ـر	ر
11	zây [za]	ز	ـز	ـز	ز
12	sîn [sa]	س	ـس	ـسـ	سـ

	prononciation	isolée	finale	médiane	initiale
13	chîn [cha]	ش	ـش	ـشـ	شـ
14	s̲âd [s̲a]	ص	ـص	ـصـ	صـ
15	d̲âd [d̲a]	ض	ـض	ـضـ	ضـ
16	t̲â' [t̲a]	ط	ـط	ـطـ	طـ
17	d̲hâ' [d̲ha]	ظ	ـظ	ـظـ	ظـ
18	ᶜayn [ᶜa]	ع	ـع	ـعـ	عـ
19	rayn [ra]	غ	ـغ	ـغـ	غـ
20	fâ' [fa]	ف	ـف	ـفـ	فـ
21	q̲âf [q̲a]	ق	ـق	ـقـ	قـ
22	kâf [ka]	ك	ـك	ـكـ	كـ
23	lâm [la]	ل	ـل	ـلـ	لـ
24	mîm [ma]	م	ـم	ـمـ	مـ
25	noun [na]	ن	ـن	ـنـ	نـ
26	hâ' [ha]	ه	ـه	ـهـ	هـ
27	wâw [wa]	و	ـو	ـو	و
28	yâ' [ya]	ي	ـي	ـيـ	يـ

Remarques sur le tableau

- Le chiffre figurant dans la première colonne du tableau pages 8-9 indique le rang de chaque lettre dans l'alphabet.
- **Il faut apprendre l'alphabet dans l'ordre**, car les racines des mots sont classées par ordre alphabétique.
- On observera que les lettres de l'alphabet arabe peuvent comprendre les éléments suivants :
  - **Un corps principal** : une boucle, une ou plusieurs dents, un ou plusieurs points.
  - **Un trait de liaison** qui attache la lettre à la suivante et/ou à la précédente. Attention : certaines lettres ne s'attachent jamais à la suivante et ne peuvent donc avoir qu'un seul trait de liaison ; ce sont les lettres : و ز ر ذ د ا (n° 1, 8, 9, 10, 11 et 27).
  - **Un appendice décoratif** qui n'apparaît que quand la lettre est en fin de mot ou isolée.

Indications sur la prononciation des consonnes

Avant de travailler la graphie et l'écriture proprement dites, il convient de parler un peu de la prononciation, c'est-à-dire de la phonétique.

1. Consonnes qui ont un équivalent phonétique en français

2	ب	bâ' [ba]	= b	
3	ت	tâ' [ta]	= t	
8	د	dâl [da]	= d	
11	ز	zây [za]	= z	
12	س	sîn [sa]	= s	Comme dans *sauter* et *singe*, jamais comme dans *rose*.
19	غ	rayn [ra]	= r	Grasseyé du parler parisien.

20	ف	fâ' [fa]	= f	
22	ك	kâf [ka]	= k	
23	ل	lâm [la]	= l	
24	م	mîm [ma]	= m	
25	ن	noun [na]	= n	
27	و	wâw [wa]	= w	Comme dans *kilowatt* ou dans **ouate**.
28	ي	yâ' [ya]	= y	Comme dans **yole** ou **payer**.

2. Consonnes qui peuvent engendrer une difficulté

☞ n° 1 bis : ء hamza, ou « occlusive glottale »

La hamza peut être **l'attaque d'une voyelle**. Pour mieux comprendre de quoi il s'agit, pro-noncez isolément et avec assez d'énergie les mots *avion – assez – idée* : vous attaquez la voyelle initiale de ces mots par une consonne que le français n'écrit pas mais qui, phoné-tiquement, existe bel et bien, c'est **l'hiatus**. Cette consonne, l'arabe l'écrit : c'est la **hamza**.

Quand la hamza n'attaque pas une voyelle, elle devient un simple « coup de glotte », une sorte de léger hoquet.

Exemple : dans رَأْسٌ, ra'sun (à syllaber : ra'/sun), le signe « ' » est la transcription de la hamza.

☞ n° 4 et 9 : ث thâ' et ذ dhâl

Le ث thâ' équivaut au *th* anglais sourd, comme dans *thing* ou *think*.

Le ذ thâl équivaut au *th* anglais sonore, comme dans *the* ou *that*.

Pour appréhender la différence entre une sourde et une sonore, faites l'expérience suivante : bouchez-vous les oreilles et prononcez « sss… », puis « zzz… » Dans le cas de « sss… », vous n'entendez qu'un bruit de sifflement très localisé. **Les cordes vocales ne vibrent pas**, on dit que *s* est **sourd**. Dans le cas de « zzz… », vous entendez une résonance en plus du bruit de sifflement, parce que **les cordes vocales vibrent**. On dit que *z* est **sonore**.

Faites la même expérience pour différencier les lettres n° 4 ث thâ' et n° 9 ذ dhâl.

☞ n° 5 : ج jîm

Actuellement, il existe trois prononciations différentes de cette lettre selon les régions :

- **dj** comme dans *budget*.
- **j** comme dans *jeûne*.
- **g** comme dans *gare*.

☞ n° 6 et 26 : ح ẖâ' et ه hâ'

Le ه hâ' est l'équivalent du **h** dit « aspiré » – en réalité expiré – de l'anglais *house* ou de l'allemand *Haus*. C'est un souffle qui frotte légèrement les parois de la glotte entrouverte.

Le ح ẖâ' est très différent. C'est un **h** fortement expiré. Le souffle vient directement de la poitrine, sans rencontrer d'obstacle dans la gorge. C'est un son qui n'existe pas en français moderne, sauf dans quelques exclamations vigoureuses, comme dans *hum !* Il s'entend plus qu'il ne se prononce. C'est un souffle plus énergique que celui du ه hâ', qui produit un frottement sur les parois assez fortement contractées du pharynx ; il s'articule donc davantage que le ه hâ'.

☞ n° 7 : خ khâ'

C'est l'équivalent du **ch** allemand de **Buch** ou **Bach**, et de la *jota* espagnole.

Si l'on éprouve des difficultés à réaliser cette consonne, on partira du غ rayn (n° 19). Le غ rayn ressemble au **r** « grasseyé » des Parisiens, le **r** le plus couramment prononcé dans les villes françaises de nos jours. Il se réalise par le frottement de l'air expiré entre le voile du palais et la partie postérieure de la langue : il est sonore.

Le خ khâ' (= **ch** allemand dur, *jota*) se réalise au même endroit et de la même façon, mais avec cette différence qu'il est sourd. Faites l'expérience proposée pour les lettres n° 4 et 9, mais en partant cette fois du **r** « grasseyé » (rrr… = rayn) et en tâchant d'éliminer la résonance. Vous obtenez alors le خ khâ'.

Pour l'articuler, il faut produire une sorte de raclement au fond de la gorge, comme si l'on voulait cracher.

☞ n° 10 : ر râ'.

C'est un **r** « roulé » – ou plus exactement vibré – du bout de la langue, celui des Espagnols et des Italiens.

On les distinguera sans difficulté du غ rayn (n° 19), voir ci-dessus (n° 7).

☞ n° 14 : ص ṣâd

Le ص ṣâd est un س sîn (n° 12) emphatique, c'est-à-dire prononcé avec plus de force.

☞ n° 15 : ض ḍâd

Le ض ḍâd se prononce de deux façons différentes selon les régions :

C'est soit l'emphatique du ذ dhâl (n° 9). Il est alors exactement semblable phonétiquement au ظ dhâ' (n° 17) dans une de ses deux prononciations. On devrait alors en toute rigueur le transcrire par un **dhâ'**. C'est ainsi que le prononcent de très nombreux Arabes.

Soit l'emphatique du د dâl (n° 8). C'est ainsi que le prononcent les Égyptiens, entre autres, et c'est cette prononciation que rend sa transcription la plus courante en **d**.

☞ n° 16 : ط ṭâ'

C'est l'emphatique du ت tâ' (n° 3).

☞ n° 17 : ظ dhâ'

Le ظ dhâ' se prononce de deux façons différentes selon les régions :

Comme un ذ thâl (n° 9) emphatique. Il se confond alors avec la première prononciation de ض ḍâd (n° 15) et devrait être transcrit par un **d**. C'est la prononciation la plus répandue et la plus classique.

Ou comme un ز zây (n° 11) emphatique. C'est ainsi que le prononcent les Égyptiens, et c'est cette prononciation que rend sa transcription la plus courante en **z**.

☞ n° 18 : ع ᶜayn

Ce son est émis du plus profond de la gorge, en contractant la partie inférieure du larynx et en faisant vibrer des cordes vocales.

☞ n° 21 : ق qâf

Consonne gutturale par excellence, le ق qâf (n° 21) est émis par une explosion sourde se produisant à l'extrême fond de la gorge. C'est en quelque sorte un **k** prononcé avec un fort relâchement au niveau du voile du palais, donc sensiblement plus bas que le ك kâf (n° 22) qui, lui, est réalisé sur le palais osseux.

Distinguez donc bien cette consonne ق qâf (n° 21) du ك kâf (n° 22).

Les lettres isolées

ا **alif** [ˈɑ]

bâ' [ba]   ب

ت ت **tâ'** [ta]

ت ت

ت ت

3 ◆◆ **2** **1**
ت

ت

ت

ت

ثـ ث   **thâ'** [tha]

ح **jîm** [ja]

ح **ḥâ'** [ḥa]

ﺥ **khâ'** [kha]

‍د dâl [da]

ذ dhâl [dha]

 ر **r̲â'** [ra]

ز **zây** [za]

س **sîn** [sa]

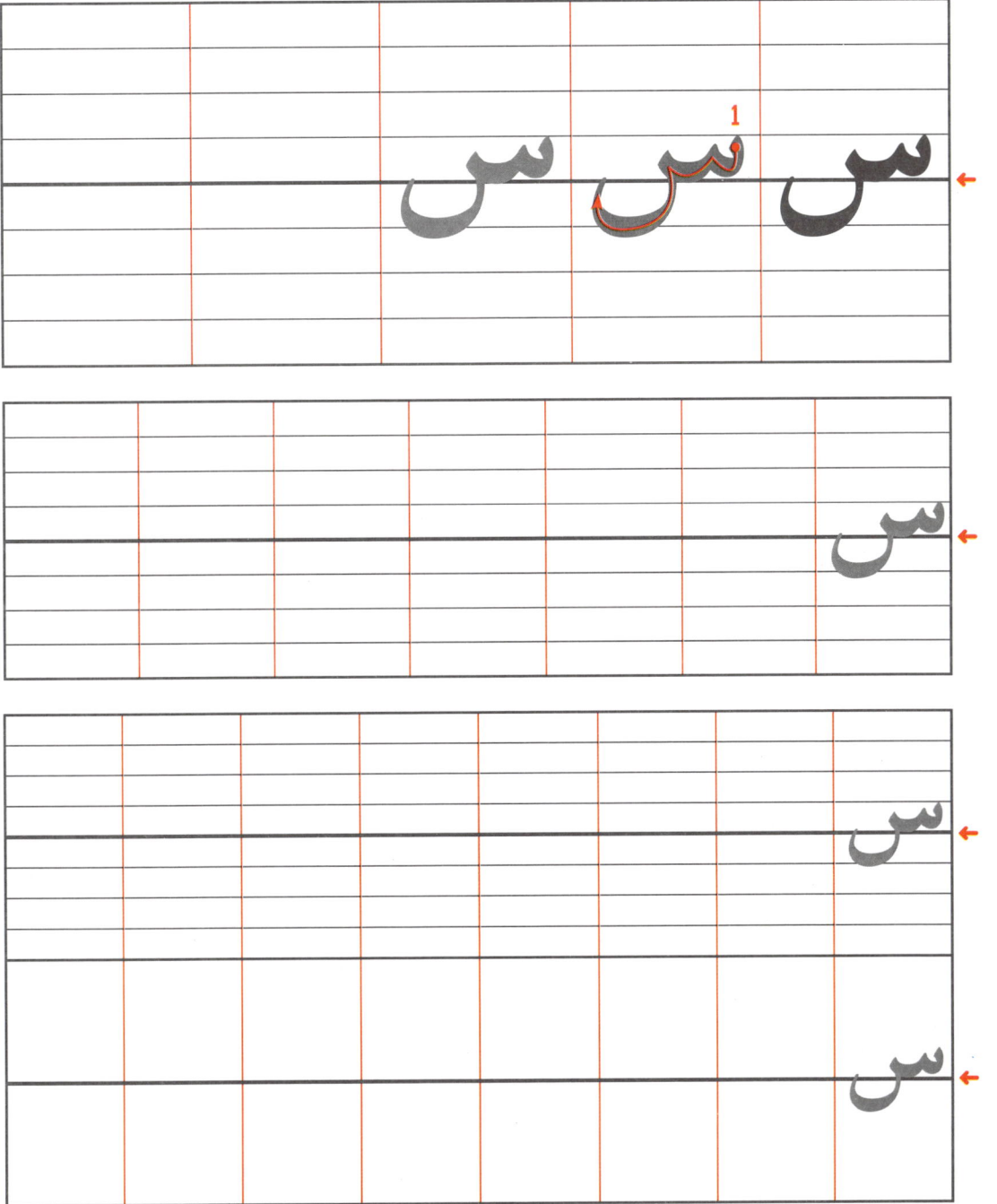

chîn [cha] ش

ش

ش ش ش ش

ش

ش

ش

ص ص **ṣâd** [ṣa]

ص ص ص ص

ص

ص

ص

dâd [da] ض

ط t̠â' [t̠a]

ظ dhâ' [dha]

ع ᶜayn [ᶜa]

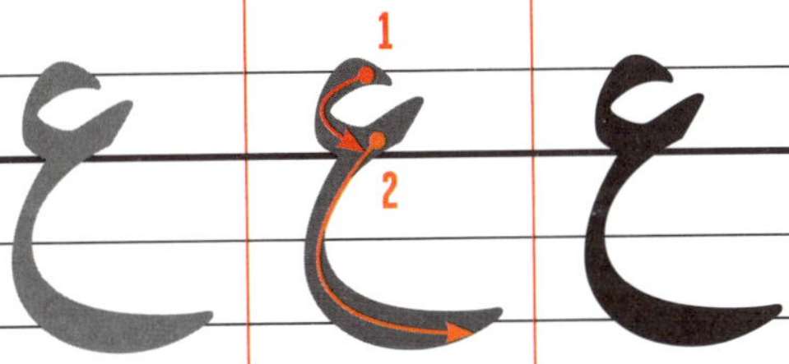

غ rayn [ra]

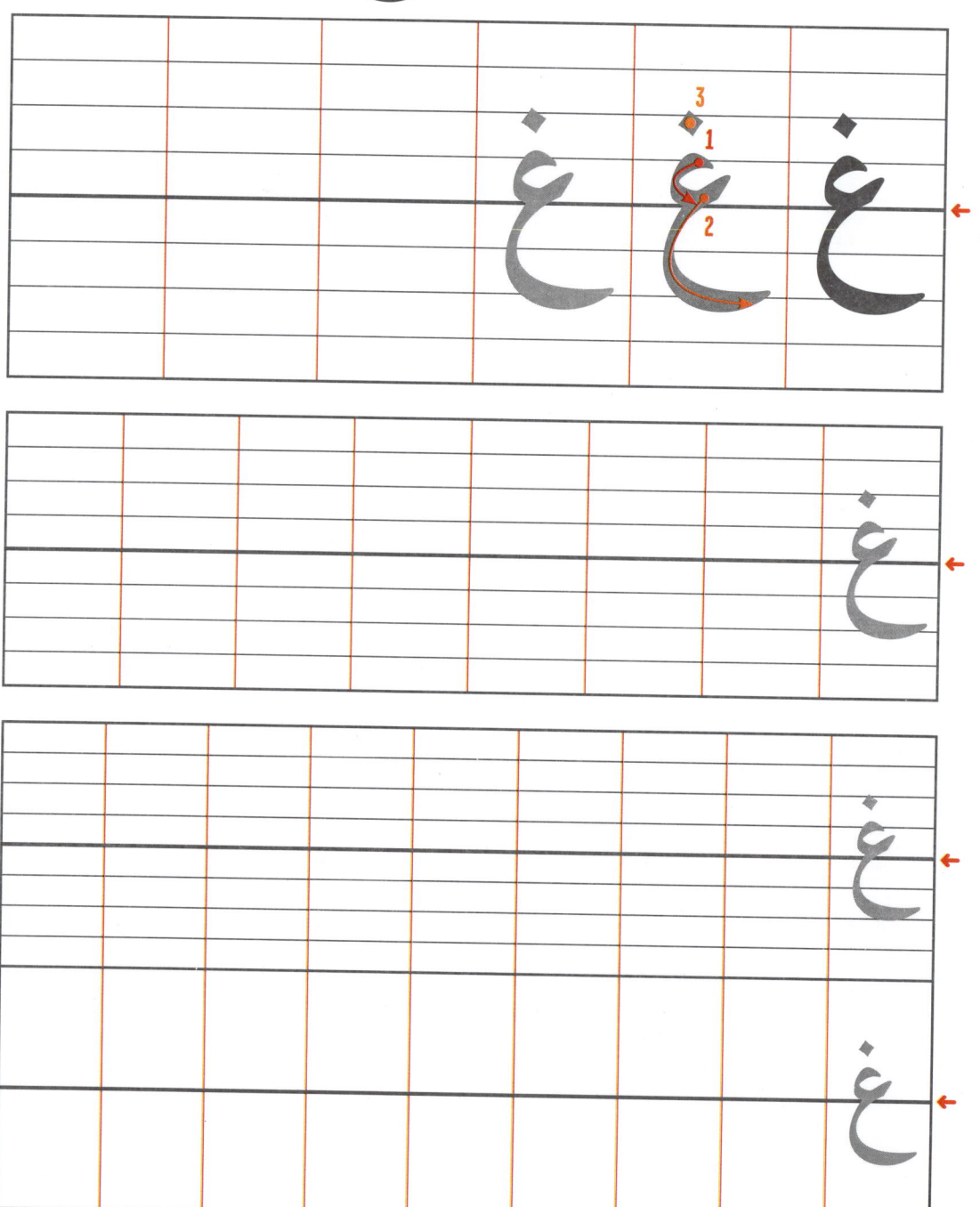

ف fâ' [fa]

qâf [qa] ق

ك kâf [ka]

ل lâm [la]

 **mîm** [ma]

ن **noun** [na]

ه hâ' [ha]

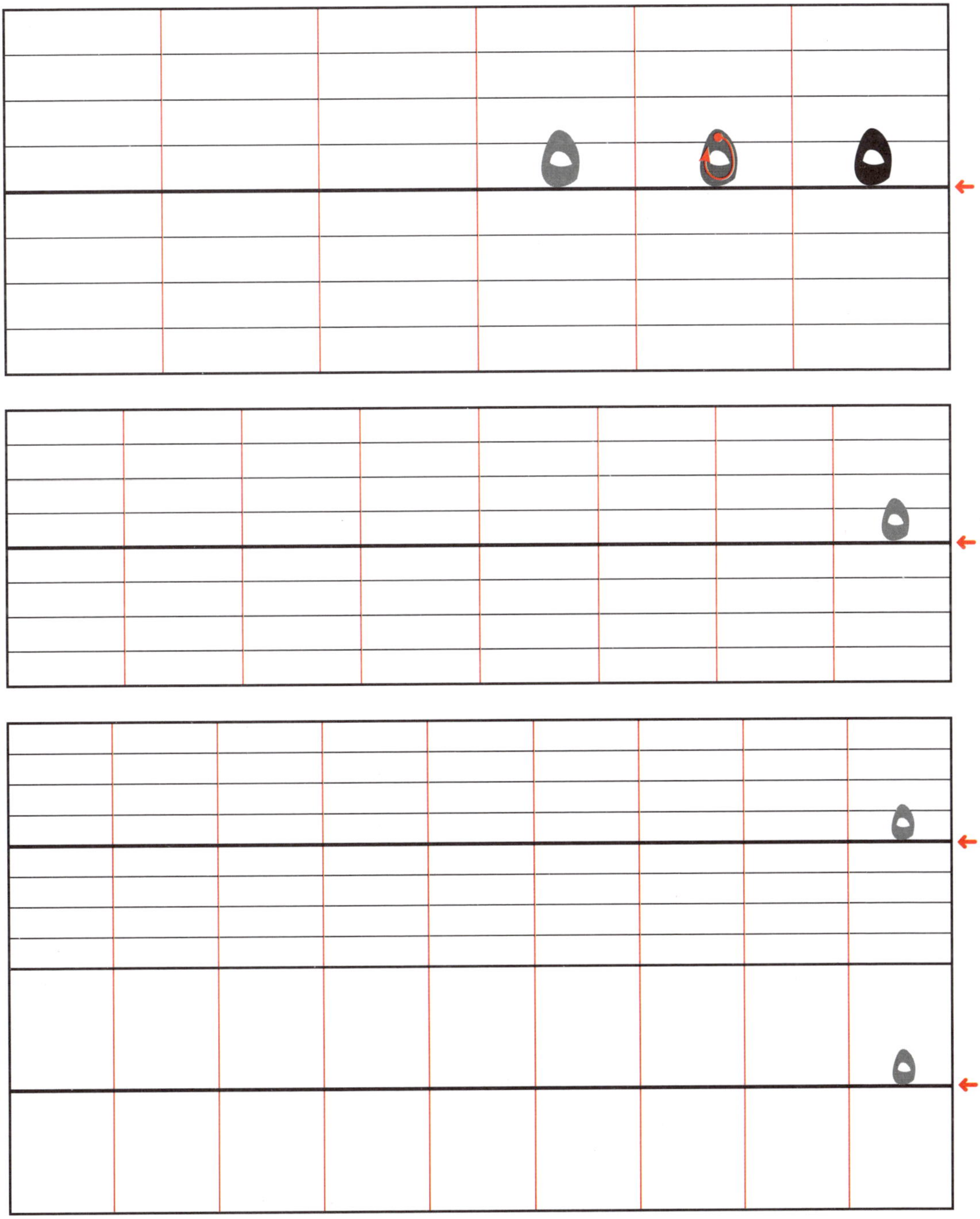

و wâw [wa]

ي yâ' [ya]

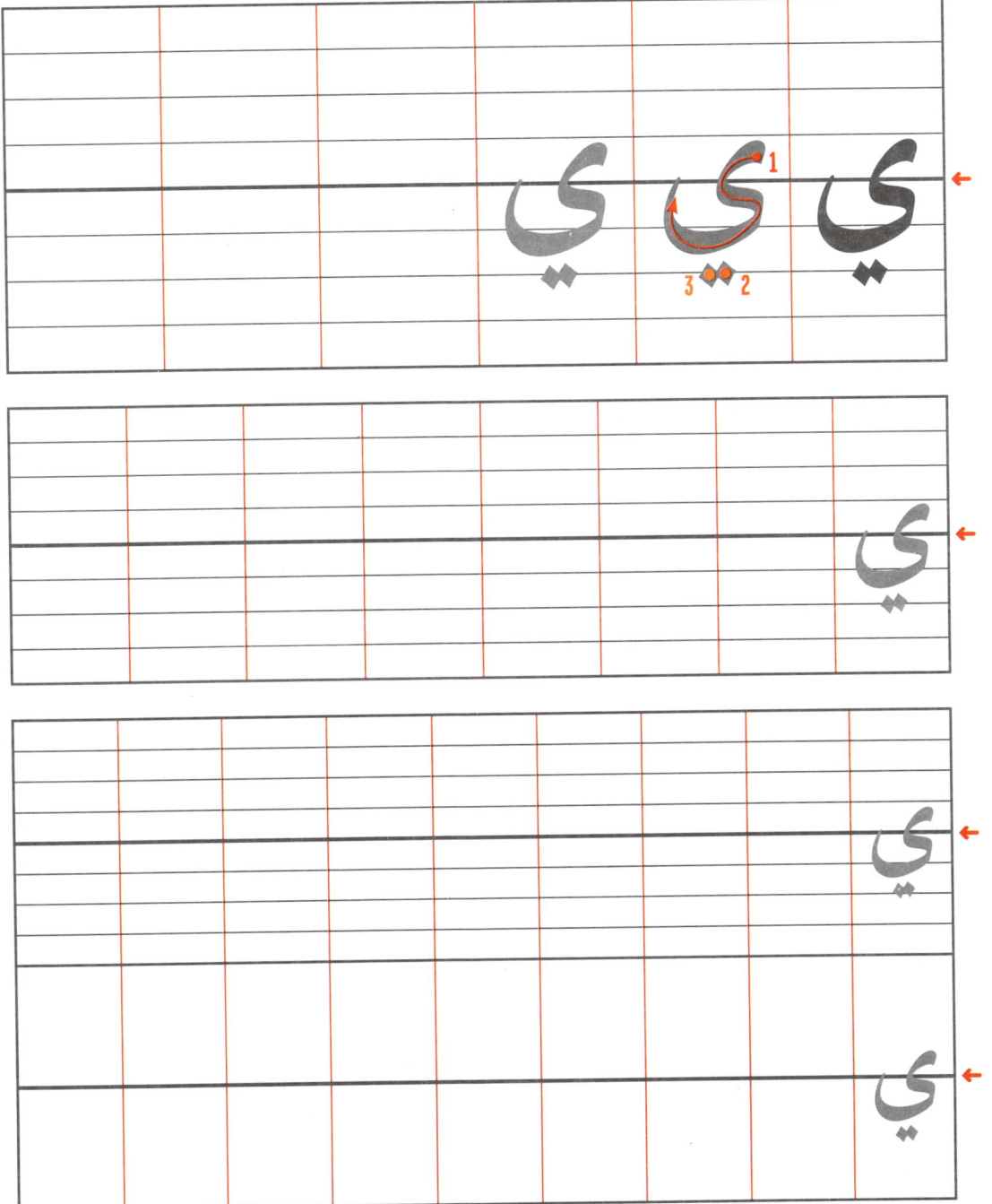

Voyelles brèves et longues, et signes diacritiques

L'alphabet arabe contient un total de **15 caractères** pointillés.

Les trois voyelles brèves الْحَرَكَاتُ الثَّلَاثُ **al ḥarakât aththalâth**

1. Les voyelles arabes

Il y a, en arabe, 3 voyelles brèves et 3 voyelles longues :

– **a bref**, transcrit **a** : ـَ   – **a** long, transcrit **â**

– **i bref**, transcrit **i** : ـِ   – **i** long, transcrit **î**

– **u bref**, transcrit **u*** : ـُ   – **u** long, transcrit **û***

* Les voyelles arabes transcrites par **u** et **û** se prononcent comme le **ou** français.

2. Écriture des voyelles brèves

☞ **Le « a » :**

Une voyelle brève ne peut pas s'écrire sans consonne. Le **a bref** s'écrit donc **au-dessus** de la consonne grâce au signe ‗ appelé *fatha*.

Exemple : la consonne ب **bâ'** (n° 2 de l'alphabet) additionnée d'un a bref devient بَ **ba**.

Recopiez ces autres exemples et lisez-les à haute voix :

					ذَ

					ةَ

					بَ

					دَ

					رَ

					سَ

					يَ

☞ **Le « i » :**

Le **i bref**, quant à lui, s'écrit **sous** la consonne grâce au signe ‿ appelé *kasra*.

Exemple : la consonne ب **bâ'** (n° 2 de l'alphabet) additionnée d'un i bref devient بِ **bi**.

Recopiez ces autres exemples et lisez-les à haute voix :

إِ

عِ

بِ

مِ

زِ

فِ

دِ

☞ **Le « ou » :**

Le **u bref**, enfin, s'écrit donc **au-dessus** de la consonne grâce au signe ـُ appelé *damma.*

Exemple : la consonne ب **bâ'** (n° 2 de l'alphabet) additionnée d'un u bref devient بُ **bou**.

Recopiez ces autres exemples et lisez-les à haute voix :

					تُ

					سُ

					لُ

					أُ

					طُ

					رُ

					نُ

Les voyelles longues

☞ **Le « â » :**

La lettre ا **alif** (n° 1 de l'alphabet) sert de signe de prolongation au **a bref**. Elle doit donc nécessairement être précédée d'une voyelle **a**.

Exemple : additionnée d'un **a bref**, la lettre ج s'écrit جَ et se prononce [**ja**].

Mais additionnée d'un **â long**, elle s'écrie جَا et se prononce [**jâ**].

Exemple : جَامِعَة **jâmiᶜa**, *université.*

☞ **Le « î » :**

La lettre ي **yâ** (n° 28 de l'alphabet) sert de signe de prolongation au **i bref**. Elle doit donc nécessairement être précédée d'une voyelle **i**.

Exemple : additionnée d'un **i bref**, la lettre ج s'écrit جِ et se prononce [**ji**].

Mais additionnée d'un **î long**, elle s'écrie جِي et se prononce [**jî**].

Exemple : عَبْدُ الْمَجِيد ᶜ**Abdoulmajîd**, le prénom masculin *Abdelmajid.*

☞ **Le « û » :**

La lettre و **wâw** (n° 27 de l'alphabet) sert de signe de prolongation au **u bref**. Elle doit donc nécessairement être précédée d'une voyelle **u**.

Exemple : additionnée d'un **u bref**, la lettre ج s'écrit جُ et se prononce [**jou**].

Mais additionnée d'un **û long**, elle s'écrie جُو et se prononce [**joû**].

Exemple : مَوْجُود **mawjoûd**, *il y en a (pour les choses)/il est là (pour les humains).*

L'absence de voyelle ou « sukûn » (repos)

L'absence de voyelle ou **quiescence** est notée par le signe ° suscrit au-dessus de la lettre, nommé **sukûn**, *repos*. On prononce alors la lettre sans voyelle.

Exemple : dans le mot **ma**k**tabî** *mon bureau*, la **lettre k** n'a pas de voyelle :

$$ مَ + كْ + تَ + بِ + ي = مَكْتَبِي $$

Écrivez ces mots et prononcez-les à haute voix :

ismî *mon (pré)nom*

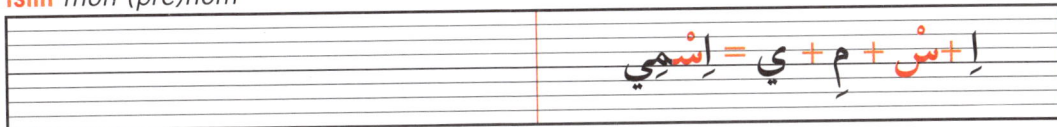

Ah**mad** *(prénom masculin)*

anta *tu (masculin)*

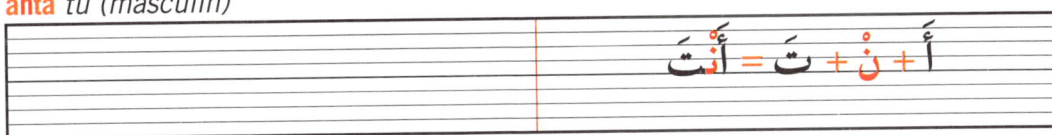

anti *tu (féminin)*

min *de/originaire de*

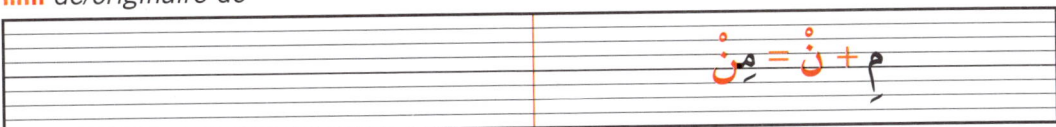

mis**r** *Égypte*

La gémination ou « chadda » (intensification) الشَّدَّةُ

En surmontant une consonne par le signe ّ nommé **chadda**, *tension*, *intensification*, on indique ainsi sa *gémination (ou renforcement)*.

Remarque : ce signe, par sa forme, est la lettre سـ **sîn** amputée de sa boucle terminale.

Exemple : سُكَّر **soukkar**, *sucre*

Écrivez les mots suivants et prononcez-les à haute voix :

sallama *saluer*

سَ + لْ + لَ + مَ = سَلَّمَ

darraça *enseigner*

دَ + رْ + رَ + سَ = دَرَّسَ

ᶜarabiyya *arabe*

عَ + رَ + بِ + يْ + يَ + ة = عَرَبِيَّة

taᶜallama *apprendre*

تَ + عَ + لْ + لَ + مَ = تَعَلَّمَ

La double voyelle finale ou « tanwîn » التَّنْوِينُ

Le **tanwîn** correspond à la prononciation de la lettre **noûne** à la fin du mot.

Il y a trois formes du tanwîn :

– **tanwîn** avec *fatha* : il est constitué d'un ا **alif** ajouté à la fin du mot, qui est purement orthographique, et de deux fatha situées au-dessus de cette dernière lettre.
La prononciation consistera donc à ajouter **-ANE** à la fin du mot.
Exemple : كِتَابًا **kitâb-ane**, un livre

NB : pour le tanwîn de la fatha, on ajoutera un ا **alif** purement orthographique à la fin du mot. Sauf pour la ة fermée et la hamza ء.

– **tanwîn** avec *Kasra* : il est constitué de deux kasra situées au-dessous de la dernière lettre du mot.
La prononciation consistera donc à ajouter **-INE** à la fin du mot.
Exemple : كِتَابٍ **kitâb-ine**, un livre

– **tanwîn** avec *damma* : il est constitué de deux damma situées au-dessus de la dernière lettre du mot.
La prononciation consistera donc à ajouter **-OUNE** à la fin du mot.
Exemple : كِتَابٌ **kitâb-oune**, un livre

Note

Vous remarquerez que la signification ne change pas ; le mot *(un livre)* garde le même sens indépendamment du **tanwîn** en **-ANE**, **-INE** ou **-OUNE**.

En fait, le **tanwîn** marque l'indéfini ou l'indéterminé (*un*, *une* ou *des* en français). La différence est exclusivement grammaticale : c'est selon la fonction grammaticale du mot que l'on choisit tel ou tel **tanwîn**.

En général : on utilise le **-ANE** pour les compléments (cas direct ou accusatif), le **-INE** pour les cas indirects (ou génitif) et le **-OUNE** pour les sujets (cas sujet ou nominatif).

L'article défini   اَلـ ... : بِـ التَّعْرِيفُ

L'article indique la détermination d'un mot : **le**, **la**, **l'**, **les** en français.

En arabe, l'article défini se compose du **alif-lam** qu'il faut ajouter en début de mot :
الـ...

Nous allons voir que le **lam**, ل, ne sera pas toujours prononcé (voir pages 51 et 52 sur les lettres lunaires et les lettres solaires).

Un mot défini ne peut évidemment pas avoir de **tanwîn** (marque de l'indéfini) à la fin et vice versa.

Quelques exemples :
Reprenons le mot « livre » **kitâb** vu précédemment…

كِتَابًا **kitâb-ane**, un livre   الكِتَابَ **al kitâba**, le livre

كِتَابٍ **kitâb-ine**, un livre   الكِتَابِ **al kitâbi**, le livre

كِتَابٌ **kitâb-oune**, un livre   الكِتَابُ **al kitâbou**, le livre

> ### Note
> Dans le premier exemple en **a**, vous remarquerez que l'**alif** purement orthographique ajouté après tous les **tanwîn** en -**ANE** disparaît dès lors qu'il n'y a plus de **tanwîn** !

Les lettres lunaires et solaires

Pour des raisons phonétiques, les lettres de l'alphabet arabe sont classées en deux groupes : **les lettres lunaires** et **les lettres solaires**.

Les 28 lettres de l'alphabet sont réparties en deux groupes égaux : 14 lettres solaires et 14 lettres lunaires.

La différence entre les lettres solaires et lunaires ne se fait sentir qu'à la prononciation. Graphiquement, c'est-à-dire à l'écriture, rien ne change, et cette distinction n'a pas non plus d'incidence sur la grammaire.

1. Les lettres lunaires

ا ب ج ح خ ع غ ف ق ك م ه و ي

En début de mot, elles sont précédées par l'article défini الـ. Il faut également prononcer l'article défini **al** avant le mot.

Exemples : اَلْقَمَرُ **al qamarou**, *la lune*

اَلْعَرَبِيَّةُ **al ᶜarabiyyatou**, *l'arabe*

اَلْمَطَارُ **al maṭârou**, *l'aéroport*

2. Les lettres solaires

ت ث د ذ ر ز س ش ص ض ط ظ ل ن

En début de mot, elles sont elles aussi précédées par l'article défini الـ. Ici, le لـ de l'article défini est purement orthographique et ne se prononce pas. La consonne qui suit le لـ est redoublée, ce qui est indiqué à l'écrit par une chadda (vue en page 49) ـّ.

Exemples : اَلشَّمْسُ **a-chchamsou**, *le soleil*

اَلسَّلاَمُ **a-ssalâmou**, *la paix, le salut*

اَلدَّرْسُ **a-ddarsou**, *la leçon, le cours*

☀ Solaires	🌙 Lunaires
التَّمْرَةُ = la datte	الأُسْبُوعُ = la semaine
الثِّيَابُ = les vêtements	الْبَابُ = la porte
الدَّرْسُ = la leçon	الْجَمَالُ = la beauté
الذَّكَاءُ = l'intelligence	الْحَمَّامُ = le hammam
الرِّيَاضُ = Ryad	الْخُبْزُ = le pain
الزَّيْتُ = l'huile	الْعِلْمُ = la science
السَّاعَةُ = l'heure	الْغَابَةُ = la forêt
الشَّمْسُ = le soleil	الْفَجْرُ = l'aube
الصُّورَةُ = l'image	الْقَمَرُ = la lune
الضَّحِكُ = le rire	الْكِتَابُ = le livre
الطَّبِيبُ = le médecin	الْمَلِكُ = le roi
الظَّهْرُ = le dos	الْهَرَمُ = la pyramide
اللَّيْلُ = la nuit	الْوَرْدَةُ = la rose
النَّوْمُ = le sommeil	الْيَدُ = la main

Le â long ou « madda » الْمَدَّةُ

La combinaison du **a prolongé** en **â long** devrait s'écrire : اَ

Pour des raisons esthétiques et orthographiques, on écrira toujours le phonème **[â]** de la manière suivante : آ. Le petit signe flottant sur l'**alif** est appelé « **madda** ».

Il ne s'écrira que sur cette lettre pour la prolonger en **â**.

Exemple :

آكُلُ تُفَّاحَة الآنَ **âkoulou touffâ<u>h</u>a alâna**, *Je mange une pomme maintenant.*

Alif tawîla (ou mamdoûda) et maqsoûra الأَلِفُ الْمَمْدُودَةُ وَالأَلِفُ الْمَقْصُورَةُ

L'**alif tawîla** (*tawîla = long*) **ou mamdoûda** est celui qui est représenté dans notre tableau des lettres page 8 (n° 1 de l'alphabet).

L'**alif maqsoûra** (*maqsoûra = bref*) se trace comme un **yâ** sans points ى.

Il apparaît seulement comme dernière lettre de certains mots :

ذِكْرَى **dhikrâ**, *souvenir*

عَلَى °**alâ**, *sur*

Il sert seulement au premier usage de l'**alif tawîla** : signe graphique notant la prolongation du **a bref**. L'ensemble **fatha + alif maqsoûra** se note **â**.

Lâm-alif

La **lettre lâm** suivie d'un **alif** s'écrit ‏لا‏ ou ‏ــلا‏ si le tout est précédé d'un trait de liaison.

Ce caractère est appelé **lâm-alif** ‏لَام أَلِف‏.

En fait, il s'agit d'une sorte de ligature* comme celle qui se trouve en français pour le groupe de lettres : **æ.**

lâ *non*

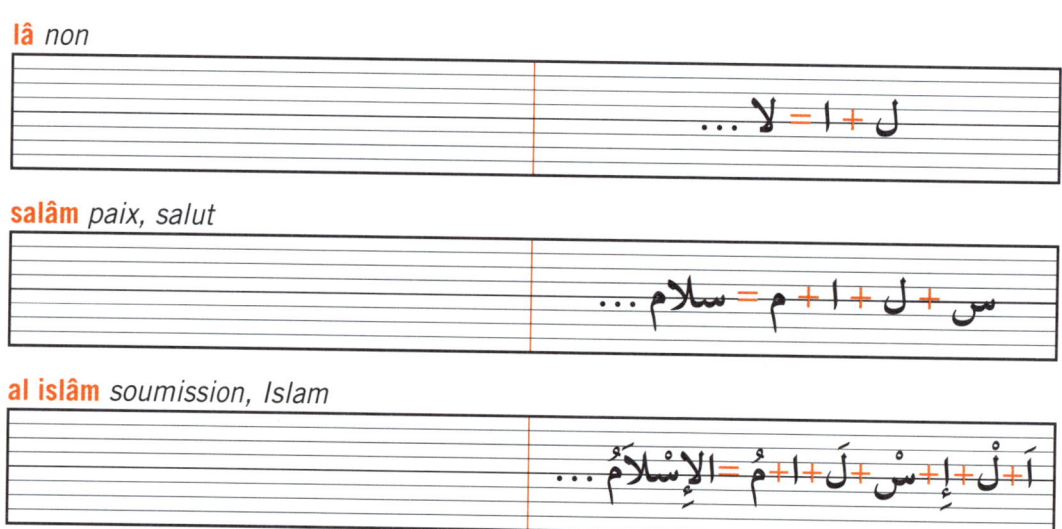

salâm *paix, salut*

al islâm *soumission, Islam*

---

* Trait reliant deux lettres. Ensemble de lettres liées qui forment un caractère unique.

La « hamza » et ses supports الْهَمْزَةُ

La hamza est une consonne à part entière qui se réalise **sous forme d'attaque vocalique.**

Sa particularité est d'ordre graphique. Elle requiert un support d'écriture purement orthographique qui aura la forme de la lettre **و wâw**, de la lettre **ى yâ** sans les points (ou **alif bref**) ou de lettre **ا alif.**

Elle se vocalise comme les autres lettres et peut même être redoublée.

Le choix du support est fonction de plusieurs éléments, dont sa place dans le mot. Dans certains cas, elle peut s'écrire sans support.

Quant à sa prononciation, elle est strictement identique aux sons **a**, **i**, **ou** français respectivement pour une *hamza + fatha*, *hamza + kasra* et *hamza + damma*.

Il en est de même pour les hamza finales qui portent un **tanwîn** et qui se prononceront : -**ANE**, -**INE** ou -**OUNE**.

Note

Lorsque la **hamza** est **initiale dans un mot**, son support est **obligatoirement la lettre alif**. On placera la hamza sous le support si elle porte la voyelle **i** et au-dessus du support dans les deux autres cas (voyelles **a** et **u**).

Exemples à recopier :

anâ *moi/je*

أَنَا

oustâdh *professeur*

أُسْتَاذ

ilâ *vers, à, en direction de…*

إِلَى

ayna ? *où ?*

أَيْنَ

D'autres positions de la hamza :

أَكَلَ **akala**, *manger*   مَاءٌ **mâ'oun**, *de l'eau*

سَأَلَ **sa'ala**, *interroger*   سُؤَالٌ **sou'âloun**, *une question*

قَرَأَ **qara'a**, *lire*   قِرَاءَةٌ **qirâ'atoun**, *une lecture*

Lettres, autres positions

ا

Initiale

Médiane

Finale

Initiale

Médiane

2 ♦ 1

Finale

2 ♦ 1

Liée

3 ♦ 2 ♦ 1 ♦

Initiale				

Médiane				

Finale				

Liée				

Ta fermée ة ou ـة

Il existe une seconde graphie de cette lettre, en position finale seulement : ة. On l'appelle **ta fermée** (marboûta) par opposition à la lettre normale ت, que l'on nomme **ta ouverte** (maftoûha).

Vous remarquerez que cette **ta** finale fermée s'écrit comme la lettre n°26 ه ou ـه à laquelle sont ajoutés deux points, comme pour la lettre **ta** classique ت.

Cette lettre **est le marqueur du féminin** des noms et des adjectifs le plus courant.

Attention : aucun verbe ne peut se terminer par une **ta** fermée !

Initiale

Médiane

2   1

Finale

2   1

Liée

3   2   1

Initiale

Médiane

Finale

Liée

Initiale

Médiane

Finale

Liée

Initiale

Médiane

Finale

Liée

د

Initiale				
				د

Médiane				
				‫2 1‬

Finale				
				2 1

Note

Cette lettre est l'une des 6 lettres **non liées** [و ز ر ذ د ا] de l'alphabet arabe, c'est-à-dire qu'elle ne s'attache jamais avec la lettre suivante à l'aide d'une ligature ou trait de liaison ‫ـ‬ .

Initiale

Médiane

2   1

Finale

2   1

ر

Initiale				
				ر ←

Médiane				
				ـر ←

Finale				
				ـر ←

Note

Cette lettre est l'une des 6 lettres **non liées** [و ز ر ذ د ا] de l'alphabet arabe, c'est-à-dire qu'elle ne s'attache jamais avec la lettre suivante à l'aide d'une ligature ou trait de liaison ـ .

Initiale

Médiane

Finale

Note

Cette lettre est l'une des 6 lettres **non liées** [او ز ر ذ د] de l'alphabet arabe, c'est-à-dire qu'elle ne s'attache jamais avec la lettre suivante à l'aide d'une ligature ou trait de liaison ‒ .

Initiale

Médiane

Finale

Liée

Initiale

Médiane

Finale

Liée

69

Initiale

Médiane

Finale

Liée

Initiale

Médiane

Finale

Liée

Initiale

Médiane

Finale

Liée

Initiale

Médiane

Finale

Liée

Initiale

Médiane

Finale

Liée

Initiale

Médiane

Finale

Liée

Initiale

Médiane

Finale

Liée

3   2   1

Initiale

Médiane

Finale

Liée

3   2   1

Initiale

Médiane

Finale

Liée

Initiale

Médiane

2   1

Finale

1

2

Liée

2   1

3

Initiale

Médiane

Finale

Liée

Initiale

Médiane

2 1

Finale

1

2

Liée

2 1

3

Initiale

Médiane

Finale

Liée

و

Initiale

و ←

Médiane

و ←

Finale

و ←

Note

Cette lettre est l'une des 6 lettres **non liées** [و ز ذ د ا] de l'alphabet arabe, c'est-à-dire qu'elle ne s'attache jamais avec la lettre suivante à l'aide d'une ligature ou trait de liaison ـ .

Initiale

Médiane

Finale

Liée

Consolidation

I **Recopier les lettres suivantes :**

1. L'alphabet avec la fatha [a] اَلْفَتْحَةُ

1ʳᵉ partie

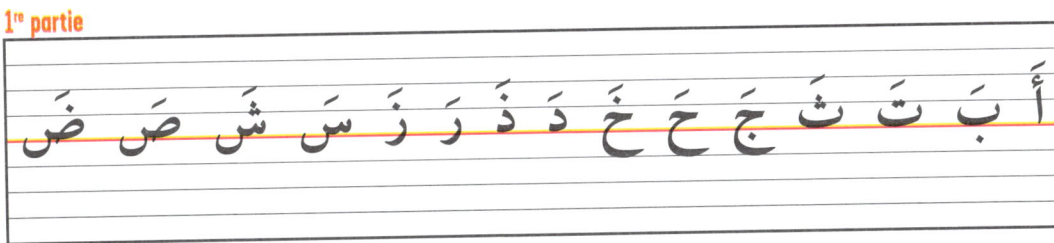

ضَ صَ صْ سَ زَ رَ ذَ دَ خَ حَ جَ ثَ تَ بَ أَ

2ᵉ partie

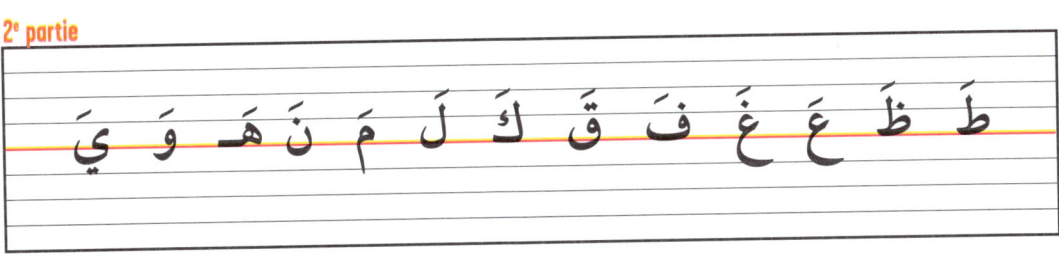

يَ وَ هَ نَ مَ لَ كَ قَ فَ غَ عَ ظَ طَ

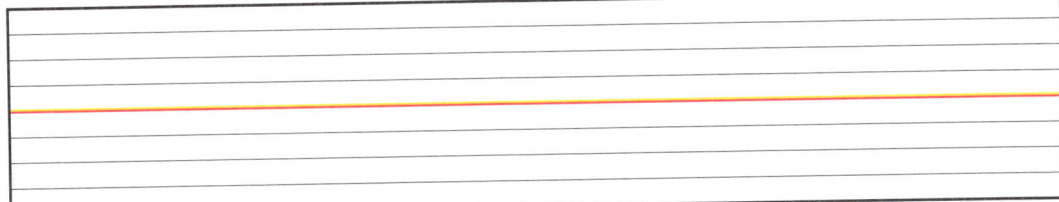

85

2. L'alphabet avec la kasra [i]   اَلْكَسْرَةُ

1re partie

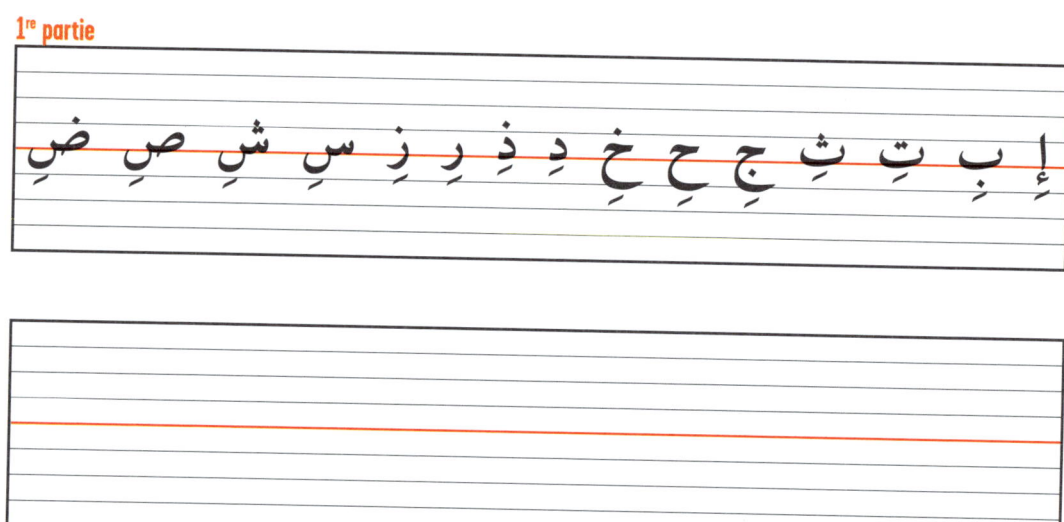

ضِ صِ شِ سِ زِ رِ ذِ دِ خِ حِ جِ ثِ تِ بِ إِ

2e partie

يِ وِ هِ نِ مِ لِ كِ قِ فِ غِ عِ ظِ طِ

3. L'alphabet avec la damma [ou] اَلضَّمَّةُ

1re partie

2e partie

4. L'alphabet avec le tanwîn de la fatha تَنْوِينُ الْفَتْحَةِ

1ʳᵉ partie

ضًا صًا صًا شًا سًا زًا رًا ذًا ذًا دًا خًا حًا حًا جًا ثًا ثًا بًا أً

2ᵉ partie

يًا وًا هًا نًا مًا لاً قًا قًا كًا فًا غًا عًا ظًا طًا

Note

Le tanwîn de la fatha implique l'ajout d'un **alif** purement orthographique ; c'est-à-dire que cet **alif** s'écrit mais ne se prononce pas. Les deux seules exceptions sont : la **ta marboûta (ta fermée)** et la **hamza** sous certaines conditions.

5. L'alphabet avec le tanwîn de la kasra   تَنْوِينُ الْكَسْرَةِ

1re partie

2e partie

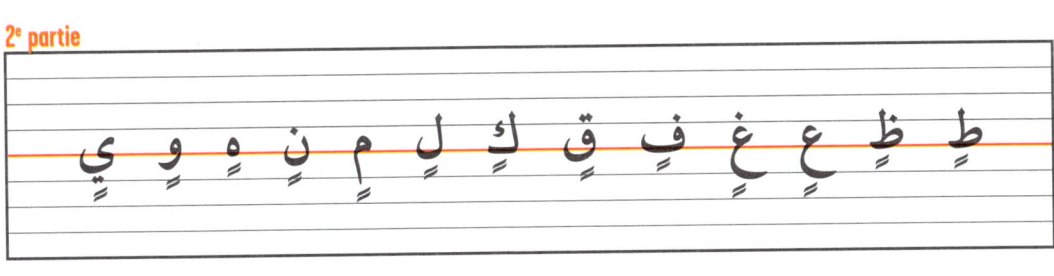

6. L'alphabet avec le tanwîn de la damma تَنْوِينُ الضَّمَّةِ

1ʳᵉ partie

ضٌ صٌ صٌ شٌ شٌ سٌ زٌ رٌ ذٌ دٌ خٌ حٌ جٌ ثٌ تٌ بٌ أٌ

2ᵉ partie

يٌ وٌ هٌ نٌ مٌ لٌ كٌ قٌ فٌ غٌ عٌ ظٌ طٌ

2 Lier, s'il y a lieu, les lettres des mots suivants :

1   أ + ك + ل

2   ش + ر + ب

3   ج + ل + س

4   و + ق + ف

5   ر + ك + ب

6   د + خ + ل

7   غ + ض + ب

8   ذ + ه + ب

9   غ + س + ل

10   س + ا + ل

11   ذ + ا + ب

12   ق + ا + ل

13   ع + ا + د

14   س + ا + ر

15   ن + ا + م

16   ص + ا + ح

17   ك + ا + ن

18   ا + ل + أ + ا + ن

19   ش + ك + ر + ا

20   ب + ي + ت

21   و + ر + د + ة

22	ع + ي + ن
23	ق + م + ر
24	م + س + ج + د
25	خ + ب + ز
26	م + ك + ت + ب + ة
27	م + ط + ا + ر
28	ج + ا + م + ع + ة
29	ج + م + ل
30	م + ح + طّ + ة
31	د + رّ + س
32	ت + ع + لّ + م
33	ق + ط + ا + ر
34	ج + م + ي + ل + ة

35	ا + ل + د + ر + س
36	ا + ل + ش + م + س
37	ط + ا + ئـ + ر + ة
38	ز + ا + ئـ + ر
39	ب + ا + ئـ + ع
40	م + م + ت + ل + ئ
41	ش + يـ + ئ
42	ع + ش + ا + ء
43	م + س + ا + ء
44	ر + أ + س
45	ر + ئ + ي + س
46	ل + ؤ + ل + ؤ
47	م + س + ؤ + و + ل

48		س + ؤ + ا + ل
49		ش + ؤ + و + ن
50		أ + ن + ي + س + ة
51		ف + ؤ + ا + د
52		ز + م + ل + ا + ؤ + ه
53		م + ؤ + ل + م
54		م + س + أ + ل + ة
55		ش + ا + ر + ع
56		ل + ق + ا + ء
57		ج + رّ + ي + ء
58		ج + ر + ي + د + ة
59		ش + ا + ي
60		ق + ه + و + ة

61	ق + ب + ل
62	ب + ع + د
63	ل + م + ا + ذ + ا
64	أَ + يْ + نَ
65	نَ + عَ + مْ
66	كَ + يْ + فَ
67	أ + ل + طّ + ا + ل + ا + بُ
68	مَ + تَ + ى
69	مَ + دْ + ر + سَ + ة
70	ا + ل + س + م + ا + ء
71	ا + ل + ب + ل + د
72	أ + ل + أ + وّ + لُ
73	ا + ل + أ + خ + ي + ر

3 Décomposer les mots suivants :

1		دَرَّسَ
2		أَخْبَرَ
3		تَعَلَّمَ
4		تَرَاسَلَ
5		اِنْفَتَحَ
6		اِسْتَمَعَ

4 Mettre l'article défini الـ aux mots suivants en effectuant les modifications nécessaires :

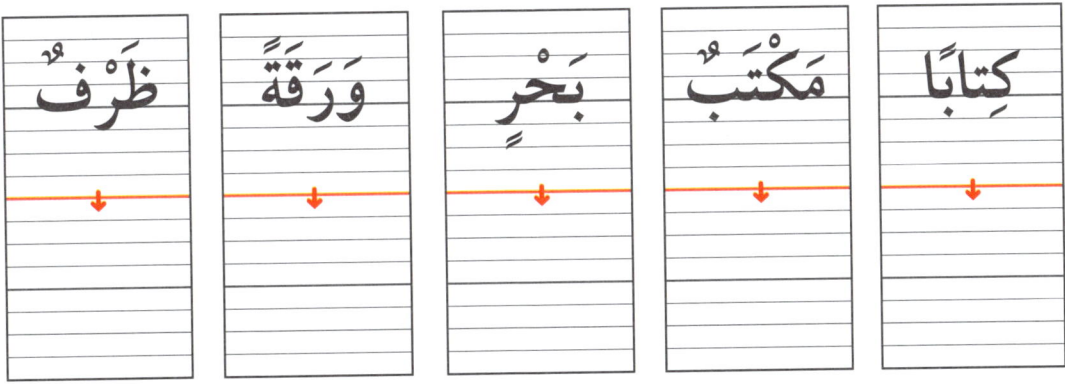

ظَرْفٌ   وَرَقَةً   بَحْرٍ   مَكْتَبٌ   كِتَابًا

 Décomposer les mots suivants :

1	يــخرج
2	يدخل
3	مغلق
4	مفتوح
5	يعوم
6	يــمشي
7	يطيـر
8	البنت
9	المرأة
10	رسالتي

Groupes de lettres

Objectif : bien distinguer les sons qui se ressemblent !

Tantôt anagrammes, tantôt proches phonétiquement mais graphiquement différents,
ou l'inverse, les mots suivants vous permettront de bien consolider vos acquis.

I Copiez les groupes de lettres suivants, puis lisez-les à haute voix :

1   أَبَا – أَنَا

2   أَمَا – أَمَّا

3   قَلْبٌ – كَلْبٌ

4   صَيْفٌ – سَيْفٌ

5   شَيْءٌ – شَايٌ

6   صُورَةٌ – سُورَةٌ

7	عَمِلَ – لَمَعَ
8	عَسَلٌ – لَسَعَ
9	رَئِيسٌ – رَأْسٌ
10	سَأَلَ – سَالَ
11	هَوَاءٌ – هَوَى
12	حَوْلَ – لَوْحٌ
13	سَارَ – صَارَ
14	لَبِسَ – لَبِثَ
15	أَثَاثٌ – أَسَاسٌ
16	حَارِسٌ – حَارِثٌ

Copiez les groupes de lettres suivants, puis lisez-les à haute voix :

1   أَرَاكَ – عَلاَقَةٌ

2   جَدِيدٌ – حَدِيدٌ

3   سَمِينٌ – ثَمِينٌ

4   أُرِيدُ – أُدِيرُ

5   سَالِمٌ – سَلِيمٌ

6   مُشْمِسٌ – مُؤْمِنٌ

7   عَالِمٌ – عَالَمٌ

8   عِلْمٌ – عَلَمٌ

9   مَثَلٌ – مِثَالٌ

10   طِينٌ – تِينٌ

3 Liez, s'il y a lieu, les lettres suivantes :

Exemple	كَتَبَ	كَ + تَ + بَ
1		دَ + رَ + سَ
2		وَ + صَ + لَ
3		دَ + خَ + لَ
4		خَ + رَ + جَ
5		فَ + عَ + لَ
6		نَ + زَ + لَ
7		أَ + كَ + لَ
8		شَ + رِ + بَ
9		ذَ + هَ + بَ
10		بَ + عَ + ثَ

 Ajoutez l'article défini aux mots suivants et lisez-les à haute voix :

Rappel

Si la première lettre du mot est « lunaire », l'article sera prononcé intégralement, si elle est « solaire », alors la lettre ل de l'article est purement orthographique et une chadda devra être dessinée au-dessus.

اَلْقَمَرُ **al qamarou**, *la lune*   اَلشَّمْسُ **achchamsou**, *le soleil*

1	ال + أَرْضَ
2	ال + بَارِدٌ
3	ال + ظَبْيُ
4	ال + بَشَر
5	ال + غَار
6	ال + صَدِيقٌ
7	ال + نُـجُومٌ
8	ال + حَقٌّ

9	ال + عَدْل
10	ال + قَلَمُ
11	ال + مَاءُ
12	ال + ضَيْفُ
13	ال + شَايُ
14	ال + لُغَةُ
15	ال + ذَهَب
16	ال + سَمَكُ
17	ال + حَافِلَةُ
18	ال + هَاتِفُ

5 Décomposez les mots suivants sous forme de lettres isolées :

12	فكر		1	بتث
13	حجج		2	ملح
14	سيط		3	قنص
15	ضلع		4	نصب
16	كفي		5	قطب
17	جيدًا		6	سوي
18	أَهْلاً		7	فهم
19	مَرْحَبًا		8	وَسَهْلاً
20	حَسَن		9	حَسَنًا
21	فَقَطْ		10	جِدًّا
22	مُهِمًّا		11	عَفْوًا

Conversation et expressions

① **Recopiez ces phrases courantes et lisez-les à haute voix :**

assalâmou ᶜalaykoum *Que la paix soit sur vous.*

اَلسَّلَامُ عَلَيْكُمْ

اَلسَّلَامُ عَلَيْكُمْ

wa ᶜalaykoumou assalâm *Que la paix soit sur vous.*

وَعَلَيْكُمُ السَّلَامُ

وَعَلَيْكُمُ السَّلَامُ

kayfa ḥâloukoum *Comment allez-vous ?*

كَيْفَ حَالُكُمْ؟

كَيْفَ حَالُكُمْ؟

lâ ba'sa *ça va (littéralement : point de misère).*

لاَ بَأْسَ

لاَ بَأْسَ

anâ bi-khair *Je vais bien.*

أَنَا بِخَيْرٍ

أَنَا بِخَيْرٍ

bi koulli souroûr *Avec plaisir !*

بِكُلِّ سُرُورٍ !

بِكُلِّ سُرُورٍ !

tafaddal *Je t'en prie !*

تَفَضَّلْ !

تَفَضَّلْ !

tafaddaloû *Je vous en prie !*

تَفَضَّلُوا !

تَفَضَّلُوا !

ilalliqâ' *Au revoir !*

إِلَى اللِّقَاءِ !

إِلَى اللِّقَاءِ !

ma°assalâma *Au revoir !*

مَعَ السَّلَامَةِ !

مَعَ السَّلَامَةِ !

kamissâ°atou *Quelle heure est-il ?*

كَمِ السَّاعَةُ ؟

كَمِ السَّاعَةُ ؟

ᶜafwan *Pardon, excusez-moi, de rien !*

عَفْوًا !

عَفْوًا !

fîmâ baᶜd *Plus tard.*

فِيمَا بَعْد

فِيمَا بَعْد

sahratan saᶜîdatan *Bonne soirée !*

سَهْرَةً سَعِيدَةً !

سَهْرَةً سَعِيدَةً !

layla saᶜîdatan *Bonne nuit !*

لَيْلَةً سَعِيدَةً !

لَيْلَةً سَعِيدَةً !

chahiyyatan tayyibatan *Bon appétit !*

شَهِيَّةً طَيِّبَةً !

شَهِيَّةً طَيِّبَةً !

ma smouk ? *Comment t'appelles-tu ?*

مَا اسْمُكَ ؟

مَا اسْمُكَ ؟

ismî mahmoud *Je m'appelle Mahmoud.*

إِسْمِي مَحْمُود

إِسْمِي مَحْمُود

anâ tâlib/tilmîdh *Je suis étudiant/élève.*

أَنَا طَالِب / تِلْمِيذ

أَنَا طَالِب / تِلْمِيذ

anâ tâliba/ tilmîdha *Je suis étudiante/élève.*

أَنَا طَالِبَة / تِلْمِيذَة

أَنَا طَالِبَة / تِلْمِيذَة

al hamdou lillâh *Que Dieu soit loué (littéralement : louange à Dieu).*

اَلْحَمْدُ لِلَّه

اَلْحَمْدُ لِلَّه

2 Recopiez ces chiffres et lisez-les à haute voix :

sifr *Zéro*

صِفْر

صِفْر

wâhid *Un*

وَاحِد

وَاحِد

ithnân *Deux*

اِثْنَان

اِثْنَان

thalâtha *Trois*

ثَلَاثَة

ثَلَاثَة

arbaᶜa *Quatre*

أَرْبَعَة

أَرْبَعَة

khamsa *Cinq*

خَمْسَة

خَمْسَة

sitta *Six*

سِتَّة

سِتَّة

sabᶜa *Sept*

سَبْعَة

سَبْعَة

thamâniya *Huit*

ثَمَانِيَة

ثَمَانِيَة

tisᶜa *Neuf*

تِسْعَة

تِسْعَة

ᶜachra *Dix*

عَشَرَة

عَشَرَة

Recopiez ces proverbes et lisez-les à haute voix :

man jadda wajada wa man zara^ca ḥaṣada *Qui cherche trouve ! Qui travaille sérieusement récoltera le fruit de ses efforts. (Littéralement : qui travaille avec sérieux trouve ou qui sème récolte)*

مَنْ جَدَّ وَجَدَ وَمَنْ زَرَعَ حَصَدَ

مَنْ جَدَّ وَجَدَ وَمَنْ زَرَعَ حَصَدَ

al jâr qabla addâr warrafiq qabla attarîq *Choisis ta maison en fonction du voisinage et ne voyage qu'en bonne compagnie. (Littéralement : le voisin avant la maison et le compagnon avant le chemin)*

اَلْجَارُ قَبْلَ الدَّارِ وَالرَّفِيقُ قَبْلَ الطَّرِيقِ

اَلْجَارُ قَبْلَ الدَّارِ وَالرَّفِيقُ قَبْلَ الطَّرِيقِ

Calligraphie

فَنُّ الخَطِّ

Qu'est-ce qu'un calame ?

Le mot Calame vient de l'arabe pour certains (avec le sens de plume ou crayon) ou du latin pour d'autres *(calamus)*. Quoi qu'il en soit, le calame est un roseau que l'on taille en pointe et dont on se sert pour l'écriture.

Les premières calligraphies arabes étaient écrites avec le calame. On retrouve d'ailleurs beaucoup d'occurrences de ce mot dans la poésie arabe classique ainsi que dans le Coran.

Il existe plusieurs types de roseaux et par conséquent plusieurs types de calames avec des différences en termes de qualité et de longévité en fonction de l'origine de ces roseaux.

De nos jours, de grandes marques proposent des stylos, munis de pointes biseautées, qui sont dédiés à la calligraphie.

Les différents styles de la calligraphie arabe

Voici une liste non exhaustive des styles de la calligraphie arabe

- **Hijâzî :**
  L'un des styles les plus utilisés dès le début du VIIIe siècle est le style HIJÂZÎ en référence à la partie de la péninsule arabique qui comprend les villes sacrées de l'Islam que sont la Mecque et Médine ainsi que la ville de Djeddah : *le Hijâz.*

- **Le Koufique (relatif à la ville irakienne de Koufa) :**
  Existe avec des variétés : fleuri, géométrique…
  Style d'écriture autrefois appelé « Hiri » et issu de l'écriture syriaque.

- **Thuluth (relatif au mot arabe thulth = un tiers) :**
  Le Thuluth est une écriture essentiellement utilisée pour la décoration et les finitions. C'est le style le plus ornemental qui existe. L'Andalousie a permis la diffusion de ce style grâce aux prouesses architecturales.

- **Le Naskhi (relatif au mot arabe Nâsikh = copiste) :**
  Le Naskhi est le style par défaut pour les correspondances et circulaires administratives sous les abbasides et plus tard, chez les Ottomans qui le développeront pour le rendre plus élégant. L'arrivée du papier permettra à ce style de devenir le style coranique pendant de nombreux siècles.

- **Le Diwani (relatif à l'arabe diwân = bureau ou administration ayant donné le mot français divan) :**
  Style particulier et très lisible utilisé par l'administration ottomane pour les correspondances et circulaires. La chancellerie l'utilisera aussi plus tard.

Note

La lettre **dâd** est la dernière lettre à avoir rejoint l'alphabet arabe. Par ailleurs, aucun autre alphabet ne contient cette lettre. Voilà pourquoi la langue arabe est connue dans le monde comme étant la langue du **DÂD**.

La même expression (la langue arabe اَللُّغَةُ الْعَرَبِيَّةُ) est ici écrite de plusieurs façons différentes :

اللغة العربيّة

اللغة العربيّة

اللغة العربيّة

اللغة العربيّة

**L'expression « au nom de dieu clément et miséricordieux »
écrite en diverses calligraphies ornementales :**

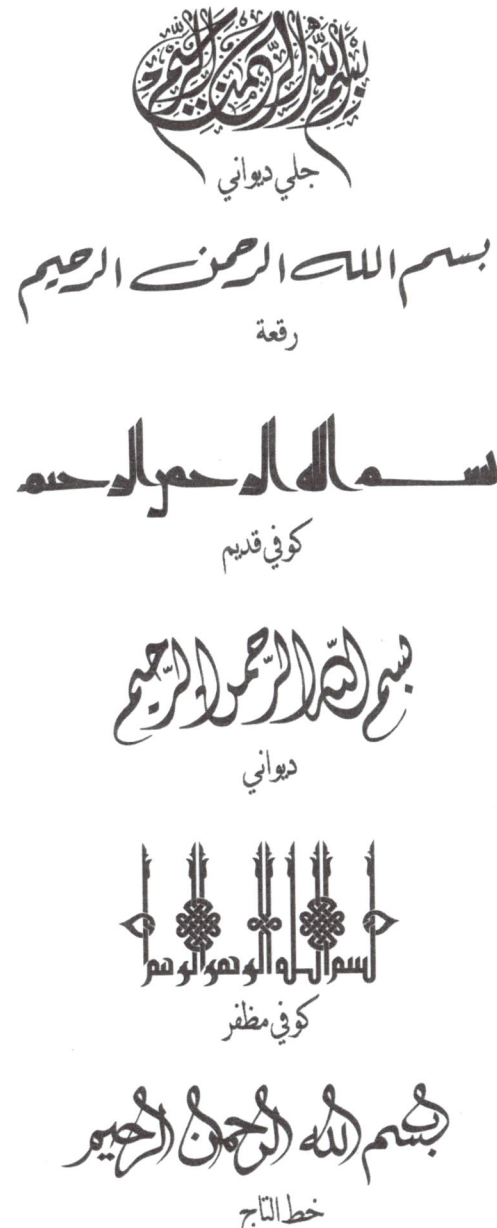

خط الثلث

بسم الله الرحمن الرحيم

كوفي

كوفي مورق

بسم الله الرحمن الرحيم

كوفي معماري

كوفي كلاسيكي

خط الثلث

Bonne chance !

Merci beaucoup !

شكرا جزيلا

Solutions

Consolidation

Exercice ❷ pages 91-96

1 أكل akala (*manger*)

2 شرب chariba (*boire*)

3 جلس jalasa (*s'asseoir*)

4 وقف waqafa (*se lever ou s'arrêter*)

5 ركب rakiba (*monter, prendre*)

6 دخل dakhala (*entrer*)

7 غضب ra<u>d</u>iba (*s'énerver, se mettre en colère*)

8 ذهب dhahaba (*aller*)

9 غسل rasala (*laver*)

10 سال sâla (*couler*)

11 ذاب dhâba (*fondre*)

12 قال qâla (*dire*)

13 عاد ᶜâda (*revenir ou rendre visite*)

14 سار sâra (*marcher*)

15 نام nâma (*dormir*)

16 صاح <u>s</u>âha (*crier*)

17 كان kâna (*être*)

18 الآن al'âna (*maintenant*)

19 شكرا choukran (*merci*)

20 بيت bayt (*maison*)

21 وردة warda (*rose*)

22 عين ᶜayn (*œil*)

23 قمر qamar (*lune*)

24 مسجد masjid (*mosquée*)

25 خبز khoubz (*pain*)

26 مكتبة maktaba (*bibliothèque ou librairie*)

27 مطار ma<u>t</u>âr (*aéroport*)

28 جامعة jâmiᶜa (*université*)

29 جمل jamal (*dromadaire*)

30 محطة ma<u>h</u>atta (*gare ou station*)

31 درّس darrasa (*enseigner*)

32 تعلّم taᶜallama (*apprendre*)

33 قطار qi<u>t</u>âr (*train*)

34 جميلة jamîla (*belle*)

35 الدّرس addars (*la leçon*)

36 الشّمس achchamsou (*le soleil*)

37 طائرة <u>t</u>â'ira (*avion*)

38 زائر zâ'ir (*visiteur*)

39 بائع bâ'iᶜ (*vendeur*)

40 ممتلئ moumtali' (*plein, rempli*)

41 شيء chay' (*chose*)

42 عشاء ᶜachâ (*dîner*)

43 مساء masâ' (*soir*)

44 رأس ra's (*tête*)

45 رئيس ra'îs (*président*)

46 لؤلؤ lou'lou' (*perle*)

47 مسؤول mas'ûl (*responsable*)

48 سؤال sou'âl (*question*)

49 شؤون chou'ûn (*affaires*)

50 أَنِيسة anîsa *(prénom féminin qui signifie : bonne compagnie)*

51 فؤاد fouâd *(prénom masculin qui signifie : cœur)*

52 زملاؤه zoumalâouhou *(ses collègues)*

53 مؤلم mou'lim *(douloureux)*

54 مسألة mas'ala *(question = affaire)*

55 شارع châric *(rue, avenue, boulevard)*

56 لقاء liqâ' *(rencontre)*

57 جرّيء jirrî' *(audacieux)*

58 جريدة jarîda *(journal)*

59 شاي chây *(thé)*

60 قهوة qahwa *(café)*

61 قبل qabla *(avant)*

62 بعد bacda *(après)*

63 لماذا limâdhâ *(pourquoi)*

64 أَيْنَ ayna *(où)*

65 نَعَمْ nacam *(oui)*

66 كَيْفَ kayfa *(comment)*

67 أَلطَّالِبُ attâlibou *(l'étudiant)*

68 مَتَى matâ *(quand)*

69 مَدْرَسَة madrasa *(école)*

70 أَلسَّمَاء assamâ' *(le ciel)*

71 أَلْبَلَد albalad *(le pays)*

72 أَلأَوَّلُ al awwal *(le premier)*

73 أَلأَخِيرُ al akhîr *(le dernier)*

Exercice 3 page 97 :

1 دَ + رّ + رَ + سَ

2 أَ + خْ + بَ + رَ

3 تَ + عَ + لَّ + مَ

4 تَ + رَ + ا + سَ + لَ

5 إِ + نْ + فَ + تَ + حَ

6 إِ + سْ + تَ + مَ + عَ

Exercice 4 page 97 :

أَلْكِتَابَ al kitâb *(le livre)*

أَلْمَكْتَبُ al maktab *(le bureau)*

أَلْبَحْرِ al bahr *(la mer)*

أَلْوَرَقَةُ al waraqa *(la feuille)*

أَلظَّرْفُ adhdharf *(l'enveloppe)*

Exercice 5 page 98 :

1 ي + خ + ر + ج

2 ي + د + خ + ل

3 م + غ + ل + ق

4 م + ف + ت + و + ح

5 ي + ع + و + م

6 ي + م + ش + ي

7 ي + ط + ي + ر

8 ا + ل + ب + ن + ت

9 ا + ل + م + ر + أ + ة

10 ر + س + ا + ل + ت + ي

Groupes de lettres

Exercice ❸ page 102 :

1	دَرَسَ	2	وَصَلَ
3	دَخَلَ	4	خَرَجَ
5	فَعَلَ	6	نَزَلَ
7	أَكَلَ	8	شَرِبَ
9	ذَهَبَ	10	بَعَثَ

Exercice ❹ page 103 :

1 اَلْأَرْضُ *la terre*

2 اَلْبَارِدُ *le froid*

3 اَلظَّبْيُ *la gazelle*

4 اَلْبَشَرُ *l'humain*

5 اَلْغَارُ *la grotte*

6 اَلصَّدِيقُ *l'ami*

7 اَلنُّجُومُ *les étoiles*

8 اَلْحَقُّ *la vérité*

9 اَلْعَدْلُ *la justice*

10 اَلْقَلَمُ *le stylo / le crayon*

11 اَلْمَاءُ *l'eau*

12 اَلضَّيْفُ *l'invité*

13 اَلشَّايُ *le thé*

14 اَللُّغَةُ *la langue (pas l'organe)*

15 اَلذَّهَبُ *l'or*

16 اَلسَّمَكُ *le poisson*

17 اَلْحَافِلَةُ *l'autobus*

18 اَلْهَاتِفُ *le téléphone*

Exercice ❺ page 105 :

1	ب + ت + ث	12	ف + ك + ر
2	م + ل + ح	13	ح + ج + ج
3	ق + ن + ص	14	س + ي + ط
4	ن + ص + ب	15	ض + ل + ع
5	ق + ط + ب	16	ك + ف + ي
6	س + و + ي	17	ج + ي + دَّ + ا
7	ف + ه + م	18	أَ + هْ + ل + اً
8	وَ + سَ + هْ + ل + اً	19	مَ + رْ + حَ + بَّ + ا
9	حَ + سَ + نَّ + ا	20	حَ + سَ + ن
10	جِ + دَّ + ا	21	ف + قَ + ط
11	عَ + ف + وَّ + ا	22	مُ + هِ + مَّ + ا

Crédits : © Abdelghani Benali.

Création et réalisation : MediaSarbacane

© 2013, Assimil
Dépôt légal : mars 2013
N° d'édition : 3922 - octobre 2019
ISBN : 978-2-7005-0612-9

www.assimil.com

Imprimé en Slovénie par DZS Grafik